Domina las Objeciones: Capacitación para Equipos de Ventas

Este libro explora la importancia de manejar objeciones en ventas, desde cómo identificar objeciones genuinas hasta distinguirlas de excusas encubiertas. Discutimos la preparación clave mediante scripts y conocimientos compartidos, y cómo abordar las objeciones puede convertirlas en oportunidades para construir relaciones sólidas y cerrar ventas con éxito.

Dionisio Melo

Domina las Objeciones: Capacitación para Equipos de Ventas

Información legal

Título del libro: Domina las Objeciones: Capacitación para Equipos de Ventas

Derecho de Autor: Todos los derechos reservados. La reproducción de este libro en versión e-Book, o papel está prohibido terminantemente sin el consentimiento expreso por escrito del autor, incluyendo total o parcial en cualquier forma o manera.

Autor: Dionisio Melo

Nombre editorial: Publicación Independiente

ISBN: 9798329299014

Domina las Objeciones: Capacitación para Equipos de Ventas

Índice

Introducción

Cómo capacitar a sus equipos de ventas sobre el manejo de objeciones de los clientes

¿Qué es una objeción de ventas?

No hay ningún truco para manejar las objeciones

¿Por qué debería crear un script de manejo de objeciones para las objeciones de los clientes?

Comparta sus conocimientos sobre ventas

¿Por qué necesitamos capacitar a los vendedores sobre las objeciones de ventas comunes?

Sin incluir las objeciones reales de los clientes que la gente hace

Responder a las objeciones con respuestas poco convincentes

¿Cómo debo incluir las objeciones de ventas en el manual de nuestra empresa?

Domina las Objeciones: Capacitación para Equipos de Ventas

Tengo miedo de abordar las objeciones de ventas comunes de nuestra empresa. ¿Qué debo hacer?

¡Por qué las objeciones de los clientes son en realidad algo BUENO!

¿Qué es una "objeción encubierta" frente a una objeción real de un cliente?

Epilogo

Acerca de Dionisio Melo

Domina las Objeciones: Capacitación para Equipos de Ventas

Introducción

En de las ventas, cada interacción con un cliente presenta una oportunidad única y desafiante. Desde manejar objeciones hasta navegar por las sutilezas de las preocupaciones encubiertas, cada paso en el proceso de ventas puede marcar la diferencia entre el éxito y el estancamiento. Este libro explora cómo los vendedores pueden enfrentar estas situaciones con confianza y habilidad, equipándolos con las herramientas necesarias para convertir las objeciones en oportunidades.

A lo largo de estas páginas, exploraremos no solo cómo identificar y responder a las objeciones de manera efectiva, sino también cómo comprender las preocupaciones subyacentes del cliente y transformarlas en puntos de conversación constructivos. Desde la importancia de documentar y compartir conocimientos sobre las objeciones comunes hasta la habilidad de discernir entre una objeción real y una

Domina las Objeciones: Capacitación para Equipos de Ventas

tapadera, este libro ofrece estrategias prácticas para mejorar las habilidades de ventas.

Examinaremos cómo la preparación anticipada y el conocimiento compartido pueden empoderar a los equipos de ventas para manejar cualquier escenario, desde objeciones presupuestarias hasta preocupaciones sobre la idoneidad del producto. Al adoptar un enfoque proactivo y educativo hacia las objeciones, no solo se fortalece la relación con el cliente, sino que también se aumenta la probabilidad de cerrar ventas de manera efectiva y satisfactoria.

Este libro está diseñado como una guía integral para vendedores y equipos de ventas, proporcionando no solo respuestas y estrategias, sino también la mentalidad y el enfoque necesarios para convertir los desafíos en oportunidades en el cambiante panorama de las ventas modernas.

Domina las Objeciones: Capacitación para Equipos de Ventas

Cómo capacitar a sus equipos de ventas sobre el manejo de objeciones de los clientes

Manejar efectivamente las objeciones de los clientes es un arte fundamental en el ámbito de las ventas. Independientemente de si se trata de vender productos tangibles como widgets o servicios complejos de largo plazo, tarde o temprano, surgirán objeciones por parte de los clientes. Estas objeciones no deben ser vistas como obstáculos, sino como oportunidades para profundizar en las necesidades y preocupaciones del cliente, y para demostrar cómo su oferta puede resolver sus problemas de manera efectiva.

Exploraremos estrategias prácticas y probadas para enfrentar estas objeciones con confianza y persuasión. Aprenderemos a escuchar activamente las preocupaciones del cliente, aclarar malentendidos y presentar respuestas convincentes que refuercen el valor de nuestro producto o servicio. Además, discutiremos la importancia crítica de integrar un

Domina las Objeciones: Capacitación para Equipos de Ventas

entrenamiento estructurado en manejo de objeciones dentro del programa general de capacitación en ventas de su empresa.

Este enfoque no solo fortalece las habilidades individuales de los ejecutivos de ventas, sino que también mejora la coherencia y la efectividad del equipo en su conjunto. Al manejar las objeciones de manera profesional y empática, no solo se incrementan las posibilidades de cerrar una venta, sino que también se construyen relaciones más sólidas y duraderas con los clientes, basadas en la confianza y la comprensión mutua.

Domina las Objeciones: Capacitación para Equipos de Ventas

¿Qué es una objeción de ventas?

Una objeción de ventas surge cuando un cliente expresa una preocupación, inquietud u obstáculo con respecto a la propuesta o argumento de venta presentado. Estas objeciones pueden variar ampliamente en naturaleza y pueden ser específicas para su producto, empresa o situación actual del cliente. Por ejemplo, un cliente podría preferir el producto de un competidor debido a características específicas o podría mencionar la falta de presupuesto como una razón para no proceder con la compra en ese momento.

Para los ejecutivos de ventas, el manejo efectivo de estas objeciones es fundamental. No se trata solo de resolver la objeción de manera superficial, sino de comprender profundamente las preocupaciones del cliente y abordarlas de manera que refuercen el valor de su oferta. Esto implica mostrar empatía y escuchar activamente al cliente para comprender sus motivaciones y necesidades subyacentes.

Domina las Objeciones: Capacitación para Equipos de Ventas

En el próximo análisis, exploraremos estrategias específicas y prácticas para enfrentar diversas objeciones con confianza y persuasión. Discutiremos cómo anticipar y prepararse para diferentes tipos de objeciones, cómo responder de manera efectiva para disipar las dudas del cliente y cómo convertir las objeciones en oportunidades para fortalecer la relación y cerrar la venta de manera exitosa. Este enfoque no solo ayuda a mantener la confianza del cliente, sino que también puede convertir una posible barrera en un paso hacia una relación comercial sólida y duradera.

Domina las Objeciones: Capacitación para Equipos de Ventas

No hay ningún truco para manejar las objeciones

La gestión de objeciones en ventas no admite soluciones rápidas ni trucos que funcionen de manera consistente. Es crucial reconocer que cuando un cliente expresa una objeción, está comunicando una preocupación legítima o un obstáculo real que debe abordarse con seriedad y respeto. En el contexto de las ventas B2B, donde la construcción de relaciones de confianza es fundamental, los enfoques basados en trucos o manipulación no solo son ineficaces, sino que también pueden socavar la integridad y la credibilidad del vendedor.

Es común encontrar consejos en línea que promueven tácticas para desviar la atención del cliente o presionarlo hacia una decisión específica. Sin embargo, estas estrategias no solo carecen de ética, sino que también pueden dañar la relación a largo plazo con el cliente. En lugar de buscar atajos, es esencial adoptar un enfoque fundamentado en la empatía y la comprensión.

Domina las Objeciones: Capacitación para Equipos de Ventas

Cuando un cliente presenta una objeción, es una oportunidad para profundizar en su perspectiva y entender mejor sus necesidades. Esto requiere habilidades de escucha activa y la capacidad de formular respuestas que aborden directamente las inquietudes del cliente. Al mostrar genuino interés por resolver sus preocupaciones, se fortalece la confianza y se crea un ambiente propicio para llegar a una solución mutuamente beneficiosa.

En el próximo análisis, exploraremos en detalle por qué la honestidad, la transparencia y el respeto son fundamentales en el manejo de objeciones. Discutiremos estrategias prácticas para abordar las objeciones de manera constructiva, garantizando así que cada interacción con el cliente contribuya positivamente a la relación comercial a largo plazo.

Domina las Objeciones: Capacitación para Equipos de Ventas

¿Por qué debería crear un script de manejo de objeciones para las objeciones de los clientes?

Crear un script de manejo de objeciones para las ventas es crucial por varias razones fundamentales. Las objeciones de los clientes son una parte natural y esperada de cualquier proceso de ventas. Es poco común que un cliente avance sin plantear al menos una objeción, ya sea explícita o implícita.

A veces, las objeciones pueden pasar desapercibidas si no se reconocen adecuadamente. Por ejemplo, cuando un cliente pregunta sobre la experiencia en ofrecer un servicio específico, está expresando una preocupación sobre la competencia y la capacidad de la empresa para satisfacer sus necesidades. Otras veces, las objeciones son más directas y claras, como cuando un cliente menciona limitaciones presupuestarias o falta de interés en el producto o servicio ofrecido.

Domina las Objeciones: Capacitación para Equipos de Ventas

Es importante destacar que muchas objeciones se repiten de manera consistente entre diferentes representantes de ventas. Aquí es donde un script de manejo de objeciones se vuelve invaluable. Este script no solo centraliza el conocimiento y las mejores prácticas de cómo manejar las objeciones específicas, sino que también permite que los ejecutivos de ventas aprovechen la experiencia acumulada dentro de la empresa. Por ejemplo, si un ejecutivo de ventas ha resuelto exitosamente una objeción similar en el pasado, ese conocimiento puede ser compartido y aplicado por otros miembros del equipo de manera efectiva y eficiente.

Al no tener un script estructurado, cada ejecutivo de ventas se vería obligado a abordar cada objeción desde cero en cada interacción, lo cual no solo consume tiempo innecesario, sino que también puede llevar a respuestas inconsistentes o menos efectivas. Un script bien elaborado proporciona una guía sólida y coherente para manejar objeciones, asegurando que cada cliente

Domina las Objeciones: Capacitación para Equipos de Ventas

reciba respuestas precisas y profesionales que refuercen la credibilidad y confianza en la empresa.

Desarrollar y utilizar un script de manejo de objeciones no solo optimiza el tiempo y los recursos del equipo de ventas, sino que también mejora la experiencia del cliente al garantizar respuestas consistentes y bien informadas a sus inquietudes.

Domina las Objeciones: Capacitación para Equipos de Ventas

Comparta sus conocimientos sobre ventas

Compartir conocimientos sobre ventas, como la teoría del conocimiento de ventas de puertas abiertas, es fundamental para optimizar el desempeño de los equipos comerciales. Cuando una empresa recopila y registra experiencias de ventas comunes, como preguntas frecuentes de clientes u objeciones significativas, está haciendo accesible un tesoro de información para sus vendedores.

Imagínate que cada experiencia registrada es una llave que abre una puerta al conocimiento acumulado sobre cómo manejar situaciones específicas de ventas. Al no documentar y compartir esta información, es como cerrar esa puerta. Cada vez que un ejecutivo de ventas se enfrenta a una objeción o situación nueva, se ve obligado a buscar la llave, descubrir cómo abrir la puerta y aprender por sí mismo. Esta repetición de esfuerzos no solo consume tiempo valioso, sino que también puede llevar a respuestas inconsistentes o subóptimas.

Por lo tanto, facilitar el acceso al conocimiento de ventas mediante el registro y la compartición sistemática de experiencias no solo simplifica el proceso para los equipos de ventas, sino que también mejora la efectividad general de la empresa en cerrar negocios y satisfacer las necesidades de los clientes de manera más eficiente y satisfactoria. Mantener abierta esta "puerta del conocimiento de ventas" no solo es estratégicamente ventajoso, sino que también promueve un ambiente de aprendizaje continuo y colaborativo dentro de la organización.

Domina las Objeciones: Capacitación para Equipos de Ventas

¿Por qué necesitamos capacitar a los vendedores sobre las objeciones de ventas comunes?

Entrenar a los vendedores en cómo manejar objeciones de ventas comunes es crucial por varias razones fundamentales. Uno de los desafíos principales que enfrentan los vendedores es superar las objeciones, especialmente las relacionadas con precios, lo cual subraya la importancia de estar bien preparados. Registrar esta información en un Manual de Ventas puede resolver este desafío de manera efectiva.

El hecho de que el 42% de los vendedores sienta que no tiene suficiente información antes de realizar una llamada resalta la necesidad urgente de mejorar el conocimiento de ventas disponible para los equipos. Los guiones de manejo de objeciones de clientes son herramientas valiosas que pueden reducir la reticencia de los vendedores a iniciar llamadas y a prospectar activamente.

Domina las Objeciones: Capacitación para Equipos de Ventas

Es esencial entender que el manejo de objeciones no se limita a responderlas durante la fase final de una venta. De hecho, comienza mucho antes, incluso antes de levantar el teléfono o hacer el primer contacto con un cliente potencial. La información detallada y precisa sobre cómo abordar las objeciones permite a los vendedores tener conversaciones más creíbles y efectivas desde el inicio.

Capacitar a los vendedores en el manejo de objeciones no solo mejora la confianza y competencia del equipo en situaciones de venta difíciles, sino que también asegura que estén bien equipados para establecer conexiones sólidas y persuasivas desde el primer contacto con los clientes potenciales. Este enfoque no solo aumenta las tasas de éxito en las ventas, sino que también fortalece la relación global con los clientes al demostrar un compromiso con sus necesidades y preocupaciones desde el principio.

Domina las Objeciones: Capacitación para Equipos de Ventas

Sin incluir las objeciones reales de los clientes que la gente hace

Es fundamental abordar los problemas comunes en el manejo de objeciones de manera integral y transparente en cualquier Manual de Ventas. A menudo, las empresas evitan incluir ciertas objeciones y respuestas porque temen discutir temas delicados o revelar áreas que podrían considerarse problemáticas.

Por ejemplo, en una situación que he encontrado, un cliente principal objetaba el hecho de que nuestra empresa era un startup sin historial de trabajar con competidores directos. Aunque no teníamos experiencia previa en este contexto específico, confiábamos en la calidad de nuestro producto y contábamos con un equipo excepcional compuesto por profesionales con antecedentes destacados en las principales organizaciones del mundo. Esto demostraba nuestra capacidad para ofrecer éxito a los clientes, a pesar de nuestra relativa inexperiencia en ciertos nichos.

Domina las Objeciones: Capacitación para Equipos de Ventas

Al incluir este tipo de objeciones y situaciones en el Manual de Ventas, se proporciona a los vendedores las herramientas necesarias para abordar desafíos reales de manera efectiva. Esto les permite entender mejor las preocupaciones potenciales de los clientes y prepararse adecuadamente para responder de manera convincente y confiada. Además, fomenta una cultura organizacional de transparencia y enfrentamiento directo de los problemas, lo cual es fundamental para construir relaciones sólidas y de confianza con los clientes.

Enfrentar abiertamente los problemas comunes de manejo de objeciones en el Manual de Ventas no solo fortalece la preparación de los vendedores, sino que también promueve una cultura empresarial orientada hacia la resolución proactiva de conflictos y el cumplimiento efectivo de las necesidades del cliente.

El problema principal fue la renuencia del startup a admitir abiertamente su falta de experiencia específica dentro de la empresa

Domina las Objeciones: Capacitación para Equipos de Ventas

en ese momento. En lugar de abordar esta objeción de manera directa y transparente, optaron por desviar la conversación hacia los éxitos pasados de su equipo y las características destacadas de su producto.

Este enfoque resultó contraproducente, ya que evadir el tema de la experiencia previa solo aumentó las preocupaciones de los clientes al respecto. Al no enfrentar la objeción de frente, el startup no solo perdía la oportunidad de construir una relación de confianza basada en la transparencia, sino que también dejaba a sus representantes de ventas en una posición vulnerable, incapaces de responder efectivamente a una preocupación legítima que podría haberse abordado con una respuesta lógica y convincente.

En lugar de evitar las objeciones reales planteadas por los clientes, es fundamental para cualquier empresa enfrentarlas de manera proactiva. Esto no solo ayuda a mitigar dudas y objeciones durante el proceso de ventas, sino que también fortalece la credibilidad y la reputación de

Domina las Objeciones: Capacitación para Equipos de Ventas

la empresa. Los representantes de ventas deben estar equipados con la información necesaria y capacitados para abordar directamente las preocupaciones de los clientes, ofreciendo soluciones y perspectivas que resalten las fortalezas de la empresa y disipen cualquier duda de manera constructiva.

Adoptar un enfoque abierto y honesto hacia las objeciones de los clientes no solo beneficia la relación con el cliente, sino que también empodera a los equipos de ventas para manejar de manera efectiva cualquier desafío que pueda surgir durante el ciclo de ventas.

Domina las Objeciones: Capacitación para Equipos de Ventas

Responder a las objeciones con respuestas poco convincentes

Responder a las objeciones de manera efectiva es crucial para cerrar ventas y construir relaciones sólidas con los clientes. Sin embargo, en ocasiones, encuentro guiones de manejo de objeciones que no cumplen su objetivo. En lugar de ofrecer respuestas claras y convincentes, presentan simplemente frases educadas que no abordan realmente las preocupaciones del cliente.

Cuando las respuestas a las objeciones no son adecuadas, el riesgo es que los clientes perciban falta de sinceridad o falta de comprensión por parte del vendedor. Esto puede resultar en una pérdida de confianza y, en última instancia, en la pérdida de la oportunidad de venta. Es esencial que los guiones de manejo de objeciones estén diseñados para ser directos y efectivos, proporcionando respuestas que disipen las dudas del cliente y refuercen el valor de la oferta.

Domina las Objeciones: Capacitación para Equipos de Ventas

En lugar de simplemente repetir frases estándar, los vendedores deben estar preparados para escuchar activamente las objeciones, comprender las preocupaciones subyacentes y ofrecer respuestas personalizadas que resuenen con el cliente. Esto requiere un enfoque cuidadoso y considerado, donde cada interacción se ve como una oportunidad para demostrar conocimiento, empatía y profesionalismo.

En mi experiencia, los mejores guiones de manejo de objeciones son aquellos que están basados en escenarios reales y se adaptan a las necesidades específicas del cliente. Al entrenar a los vendedores para que manejen las objeciones de manera auténtica y efectiva, las empresas no solo aumentan sus posibilidades de cerrar ventas, sino que también fortalecen la percepción de su marca y construyen relaciones más sólidas y duraderas con sus clientes.

A menudo encuentro guiones de manejo de objeciones en ventas donde las respuestas proporcionadas no satisfacen realmente la objeción planteada. En lugar de abordar

Domina las Objeciones: Capacitación para Equipos de Ventas

directamente las preocupaciones del cliente, a veces se presentan respuestas genéricas que no logran convencer.

Tomemos como ejemplo una objeción común respecto a la potencia de una mini aspiradora:

Objeción del cliente: *"Su miniaspiradora no es tan potente como algunos de los productos de su competencia. ¿Por qué no debería utilizar una aspiradora más potente?"*

Respuesta inestable*:* *"La Asall tiene cinco velocidades, que van desde Moderada hasta Súper Rápida. Alimentamos la Asall con baterías recargables para que pueda mantener su Asall funcionando las 24 horas del día."*

Esta respuesta no aborda directamente la preocupación sobre la potencia comparativa de la aspiradora. En cambio, una respuesta más efectiva podría ser:

Mejor respuesta: *"Es cierto que la Asall puede no ser tan potente como las*

Domina las Objeciones: Capacitación para Equipos de Ventas

aspiradoras con cable del mercado. Sin embargo, su ventaja radica en su diseño con baterías recargables, lo que elimina la necesidad de cables y le permite usarlo en una variedad de ubicaciones sin estar cerca de un enchufe. Esto proporciona una flexibilidad significativa mientras asegura suficiente potencia para realizar el trabajo de manera efectiva, ya sea en el automóvil, en su cobertizo o en cualquier otro lugar donde necesite limpiar."

Esta respuesta no solo reconoce la objeción del cliente, sino que también enfatiza los beneficios únicos del producto (como la portabilidad y la conveniencia) mientras maneja la objeción de manera efectiva. Es crucial que las respuestas a las objeciones no solo sean educadas, sino también pertinentes y convincentes, demostrando un entendimiento genuino de las necesidades y preocupaciones del cliente.

Es crucial enfrentar directamente los problemas y objeciones en lugar de eludirlos. Al abordarlos de manera franca y convincente, se establece una base sólida

Domina las Objeciones: Capacitación para Equipos de Ventas

para construir relaciones de confianza con los clientes. Esto implica reconocer y explicar abiertamente las preocupaciones que puedan surgir.

Por ejemplo, en situaciones donde la empresa no puede competir en términos de potencia o experiencia directa con los competidores, es fundamental encontrar y comunicar claramente el valor único que se ofrece. Por ejemplo:

Ejemplo 1: Potencia del producto:

"Es posible que nuestra aspiradora no sea la más potente del mercado, pero para clientes con un presupuesto limitado de X, ofrecemos la mejor relación calidad-precio en esa categoría específica. Nuestro enfoque está en proporcionar un producto robusto y confiable que satisfaga las necesidades básicas de limpieza sin comprometer la funcionalidad."

Ejemplo 2: Experiencia del equipo:

"Reconocemos que no contamos con la misma trayectoria que algunos de nuestros

Domina las Objeciones: Capacitación para Equipos de Ventas

competidores. Sin embargo, nuestro equipo está impulsado por la innovación y la pasión por ofrecer soluciones emocionantes y efectivas. Estamos seguros de que nuestro producto innovador captará la atención y el aprecio de los clientes una vez que lo experimenten."

Es esencial proporcionar a los vendedores herramientas prácticas y respuestas que puedan aplicar directamente en el mundo real. No basta con tener un libro de jugadas elegante y bien redactado; este debe respaldarse con sustancia y soluciones tangibles que aborden las preocupaciones del cliente de manera efectiva. Esto no solo fortalece la credibilidad de la empresa, sino que también aumenta las posibilidades de cerrar ventas y construir relaciones duraderas con los clientes basados en la confianza y la transparencia.

Domina las Objeciones: Capacitación para Equipos de Ventas

¿Cómo debo incluir las objeciones de ventas en el manual de nuestra empresa?

Para integrar eficazmente las objeciones de ventas en el manual de ventas de su empresa, es fundamental seguir un enfoque estructurado que facilite la preparación de los vendedores para manejar situaciones desafiantes durante las interacciones con los clientes.

Recomendamos seleccionar de 3 a 5 objeciones de ventas comunes que los vendedores suelen enfrentar y proporcionar respuestas breves y directas, cada una en un formato de un par de oraciones. Este enfoque permite a los vendedores comprender rápidamente cómo abordar las objeciones sin abrumarlos con demasiada información de una sola vez. Además, se asegura de que cada respuesta contenga los puntos clave necesarios para manejar la objeción inicialmente, con la posibilidad de que el vendedor profundice más si es necesario.

Domina las Objeciones: Capacitación para Equipos de Ventas

Es estratégico colocar la sección de Objeciones cerca del final del manual, después de haber educado a los vendedores sobre el producto, el mercado objetivo y otros aspectos relevantes. Esto asegura que los vendedores estén bien equipados con conocimientos contextuales antes de enfrentarse a las objeciones. Al situar esta sección en el momento adecuado del manual, se refleja el proceso natural de ventas donde las objeciones suelen surgir después de que el cliente ha entendido los beneficios del producto, su aplicación y el valor que proporciona.

Al estructurar el manual de ventas de esta manera, se facilita a los vendedores la gestión efectiva de objeciones durante las conversaciones con los clientes, lo cual es crucial para cerrar ventas exitosas y construir relaciones sólidas basadas en la confianza y la claridad.

Domina las Objeciones: Capacitación para Equipos de Ventas

Tengo miedo de abordar las objeciones de ventas comunes de nuestra empresa. ¿Qué debo hacer?

Entiendo completamente tu preocupación sobre abordar las objeciones de ventas comunes y documentarlas en un manual para distribuirlo entre tu equipo. Es natural sentir cierta aprehensión al poner por escrito situaciones desafiantes o preocupaciones que los clientes puedan tener.

Pero es importante cambiar la perspectiva: las objeciones de ventas no son fallas ni defectos personales, sino oportunidades para fortalecer las conversaciones y resolver las inquietudes de los clientes de manera efectiva. Al documentar estas objeciones y proporcionar respuestas claras y convincentes en tu manual de ventas, estás equipando a tu equipo con las herramientas necesarias para abordar las preocupaciones de los clientes de manera profesional y empática.

Domina las Objeciones: Capacitación para Equipos de Ventas

Recuerda que este proceso no se trata de destacar las debilidades, sino de mejorar la capacidad de tu equipo para ofrecer soluciones y respuestas que generen confianza y cierren ventas. Al compartir estrategias efectivas para manejar objeciones comunes, estás promoviendo un ambiente donde la preparación y la confianza son clave para el éxito.

Enfrentar las objeciones de ventas de manera estructurada y documentada no solo beneficia a tus vendedores al proporcionarles orientación práctica, sino que también fortalece la posición de tu empresa al abordar las preocupaciones de los clientes de manera proactiva y profesional.

Es completamente normal tener inquietudes al momento de considerar la compra de cualquier producto. Algunas de las preguntas comunes que pueden surgir incluyen:

¿Funcionará para mí?

Domina las Objeciones: Capacitación para Equipos de Ventas

¿Puedo confiar en que funcionará correctamente y no se romperá?

¿Puedo permitírmelo? ¿Valdrá la pena gastar este dinero en este producto?

¿Qué pasa si realmente no lo necesito?

¿Debería considerar comprarle a un competidor?

¿Estoy tomando la mejor decisión?

Estas preguntas reflejan preocupaciones legítimas que los consumidores suelen tener antes de realizar una compra. Es importante para las empresas reconocer y abordar estas inquietudes de manera efectiva en sus estrategias de ventas y comunicaciones con los clientes. Al proporcionar información clara, demostraciones de producto, garantías sólidas y un excelente servicio al cliente, las empresas pueden ayudar a mitigar estas preocupaciones y construir la confianza necesaria para cerrar ventas exitosas.

Domina las Objeciones: Capacitación para Equipos de Ventas

¡Por qué las objeciones de los clientes son en realidad algo BUENO!

Las objeciones de los clientes son realmente oportunidades valiosas para los vendedores. En lugar de verlas como obstáculos, deberíamos entenderlas como señales claras de interés y preocupación por parte del cliente. ¿Qué podría ser más beneficioso que tener a un cliente que expresa abiertamente sus dudas y preguntas, en lugar de mantenerse en silencio o ignorar las comunicaciones?

Cuando un cliente plantea una objeción, está proporcionando información directa sobre lo que necesita para sentirse cómodo con la compra. Esto permite a los vendedores abordar sus preocupaciones de manera proactiva y constructiva, demostrando el compromiso de la empresa con la satisfacción del cliente.

Sin embargo, es importante reconocer que a veces los clientes pueden expresar

Domina las Objeciones: Capacitación para Equipos de Ventas

objeciones de manera encubierta. En estos casos, puede parecer que están evitando el problema real mientras expresan una preocupación secundaria. Es crucial para los vendedores aprender a discernir entre las objeciones directas y las indirectas, para poder proporcionar respuestas claras y efectivas que realmente aborden las preocupaciones subyacentes del cliente.

Las objeciones de los clientes son una herramienta valiosa para mejorar la comprensión y la comunicación en el proceso de ventas. Al enfrentarlas con empatía y habilidad, los vendedores no solo pueden cerrar más ventas, sino también fortalecer las relaciones con los clientes al demostrar que están dispuestos a resolver cualquier inquietud que pueda surgir.

Domina las Objeciones: Capacitación para Equipos de Ventas

¿Qué es una "objeción encubierta" frente a una objeción real de un cliente?

Una "objeción encubierta" frente a una objeción real de un cliente se distingue por la forma en que se presenta y las intenciones subyacentes del cliente al expresarla. Mientras que una objeción real es directa y refleja una preocupación genuina del cliente, una objeción encubierta puede ser más sutil y enmascarar la verdadera preocupación del cliente.

Una objeción encubierta es como una especie de disfraz o excusa que el cliente utiliza para evitar abordar directamente la objeción principal que tiene. Por ejemplo, puede mencionar un problema menor o una preocupación periférica en lugar de mencionar directamente el verdadero obstáculo que le impide realizar la compra.

Entonces, ¿cómo saber si estamos tratando con una objeción REAL o simplemente una objeción encubierta?

Domina las Objeciones: Capacitación para Equipos de Ventas

En ocasiones, la diferencia puede ser evidente. Una objeción real generalmente se presenta de manera clara y directa, abordando específicamente un aspecto del producto o servicio que preocupa al cliente. Por otro lado, una objeción encubierta puede requerir una lectura más profunda entre líneas. Puede que tengas un presentimiento de que algo no cuadra o que el cliente está mencionando algo que no parece ser la verdadera razón detrás de su indecisión.

La clave para manejar estas situaciones es escuchar activamente al cliente, hacer preguntas clarificadoras y profundizar en las preocupaciones que expresan. Esto no solo te ayudará a identificar la objeción real, sino también a demostrar al cliente que estás comprometido en comprender y resolver cualquier preocupación genuina que pueda tener.

Al estar atento a las señales y al comunicarte de manera efectiva, puedes distinguir entre una objeción real y una encubierta, lo que te permitirá ofrecer

Domina las Objeciones: Capacitación para Equipos de Ventas

respuestas pertinentes y convincentes que conduzcan a cerrar la venta de manera satisfactoria para ambas partes.

Aquí te explico cómo puedes determinar si se trata de una objeción real o simplemente una tapadera:

Cliente: Simplemente no tengo el presupuesto para este proyecto en este momento. Es muy caro.

Tú: Entiendo tu preocupación por el presupuesto. Déjame asegurarme de entender bien. ¿Estás diciendo que actualmente no estás buscando abordar este problema? ¿O es más una cuestión de timing y presupuesto en este momento? ¿Volverías a considerar este proyecto en el futuro cuando el presupuesto sea más flexible?

Al profundizar con estas preguntas, puedes obtener una mejor comprensión de la verdadera naturaleza de la objeción del cliente. Si el cliente responde que realmente no está buscando abordar el problema en absoluto en este momento, es probable que la objeción sea real y basada en la situación financiera actual. En cambio, si el cliente menciona que es principalmente una cuestión de timing o presupuesto actual, podría indicar que la objeción es más una tapadera para posponer la decisión o para explorar otras opciones.

Al preguntar sobre el impacto financiero de no abordar el problema y compararlo con el costo del proyecto, puedes ayudar al cliente a evaluar la verdadera prioridad y urgencia del problema en cuestión. Esto también puede revelar si la objeción es realmente sobre el presupuesto o si hay otros factores subyacentes que influyen en su decisión.

Al hacer preguntas clarificadoras y exploratorias como estas, puedes diferenciar entre una objeción genuina y una tapadera, lo que te permite manejar la situación de manera más efectiva y encontrar una solución que satisfaga las necesidades y preocupaciones del cliente.

Entonces, cuando te encuentres en esta situación y tu cliente presente cifras que sugieran que el costo de no abordar el problema es mayor que el de solucionarlo, esto podría llevarlos a reconsiderar los presupuestos y casos de negocio. Podrían decidir esperar hasta el próximo año financiero para obtener más presupuesto para el proyecto planificado.

Sin embargo, también es posible que el cliente presente otra excusa. En muchos casos, si surgen múltiples excusas diferentes, es probable que algunas de ellas sean objeciones de cobertura. Por ejemplo, puede que nunca se haya aprobado un presupuesto y el cliente esté utilizando esto como una excusa. O tal vez no tengan la autoridad necesaria para tomar una decisión sobre el proyecto.

La manera en que respondas a estas objeciones y las preguntas que hagas después de que el cliente las presente te proporcionarán la información necesaria para discernir cuál es la "verdadera" objeción del cliente. Es crucial profundizar y explorar más allá de las respuestas superficiales para comprender

Domina las Objeciones: Capacitación para Equipos de Ventas

completamente las motivaciones y preocupaciones subyacentes del cliente, lo que te permitirá manejar la situación de manera efectiva y encontrar una solución que satisfaga tanto al cliente como a tu empresa.

Conclusión

Domina las Objeciones: Capacitación para Equipos de Ventas

Aunque es difícil anticipar y cubrir cada posible situación en un manual, es crucial que tus equipos de ventas estén preparados para identificar y manejar las preocupaciones de los clientes de manera efectiva. Compartir experiencias sobre problemas comunes que otros vendedores han enfrentado a lo largo del proceso de ventas de un producto, servicio o solución específica puede ser invaluable.

Al hacerlo, se establece un conocimiento compartido que ayuda a los vendedores a reconocer patrones y a aplicar estrategias exitosas para superar las objeciones y cerrar ventas. Esto no solo fortalece la confianza y la competencia del equipo de ventas, sino que también mejora la experiencia general del cliente al asegurarse de que se aborden sus preocupaciones de manera proactiva y efectiva durante todo el ciclo de ventas.

Epílogo

Domina las Objeciones: Capacitación para Equipos de Ventas

A lo largo de este libro, hemos explorado en detalle la complejidad y la importancia del manejo de objeciones en el arte de las ventas. Desde entender qué constituye una objeción genuina hasta distinguirla de una excusa superficial, hemos aprendido que cada interacción con un cliente es una oportunidad para construir confianza y cerrar ventas de manera efectiva.

Comenzamos examinando la naturaleza misma de las objeciones: cómo los clientes expresan preocupaciones legítimas que pueden, en última instancia, llevar a una mejor comprensión y satisfacción del cliente si se manejan correctamente. Aprendimos que las objeciones son señales claras de interés por parte del cliente y, como tal, deben ser abordadas con respeto y comprensión.

En el proceso, también exploramos las objeciones encubiertas, esas preocupaciones subyacentes que los clientes pueden no expresar directamente de manera consciente. Aprendimos a detectarlas a través de preguntas clarificadoras y cómo

Domina las Objeciones: Capacitación para Equipos de Ventas

desentrañar la verdad detrás de las respuestas superficiales para abordar efectivamente las verdaderas preocupaciones del cliente.

Además, discutimos la importancia de preparar a los equipos de ventas con scripts y conocimientos documentados sobre las objeciones comunes. Esto no solo ayuda a estandarizar respuestas efectivas, sino que también permite que los vendedores aprendan de las experiencias de otros y apliquen estrategias probadas para cerrar ventas con éxito.

Finalmente, reflexionamos sobre cómo la educación continua y el desarrollo de habilidades pueden transformar las objeciones de obstáculos a oportunidades. Al adoptar un enfoque proactivo y educativo hacia las objeciones, no solo mejoramos las habilidades individuales de los vendedores, sino que también fortalecemos la posición competitiva de la empresa en el mercado.

Domina las Objeciones: Capacitación para Equipos de Ventas

Este libro ha sido una exploración profunda y práctica del arte de manejar objeciones en ventas. Al integrar estas estrategias en nuestra práctica diaria, podemos no solo mejorar nuestras tasas de cierre de ventas, sino también construir relaciones más sólidas y duraderas con nuestros clientes. Aquí radica el verdadero poder del manejo de objeciones: convertir desafíos en oportunidades y garantizar el éxito tanto para los vendedores como para sus clientes.

Domina las Objeciones: Capacitación para Equipos de Ventas

Acerca de Dionisio Melo

Dionisio Melo es reconocido en toda América Latina por su destacada carrera en ventas, donde ha desarrollado estrategias altamente efectivas para el exigente mercado de la región. Su influencia abarca múltiples dimensiones: no solo es un orador destacado y guía experto en entrenamientos y coaching para vendedores, sino también un autor prolífico en temas de ventas, gerencia, coaching y liderazgo.

Sus libros reflejan su compromiso con la excelencia en ventas y su habilidad para enfrentar desafíos específicos en diversos sectores. Además, Melo llega a una audiencia amplia a través de boletines y un influyente blog compartido en numerosos sitios web especializados en negocios y ventas. Como asesor empresarial, Melo juega un papel crucial en el éxito de las empresas en el competitivo mercado latinoamericano, ofreciendo soluciones adaptadas que impulsan el crecimiento y la competitividad.

Domina las Objeciones: Capacitación para Equipos de Ventas

Su presencia en conferencias y seminarios asegura que sus ideas y conocimientos sean accesibles para profesionales de ventas en toda la región, manteniéndolos al día con las últimas tendencias. Dionisio Melo se destaca no solo por sus estrategias personalizadas y efectivas, sino también por su enfoque integral en el desarrollo de equipos de ventas, desde la motivación hasta la resolución de problemas, consolidando su posición como una figura influyente y respetada en América Latina.

www.ingramcontent.com/pod-product-compliance
Lightning Source LLC
Chambersburg PA
CBHW072054230526
45479CB00010B/1051